FACULTÉ DE DROIT DE PARIS.

THÈSE
POUR LA LICENCE.

L'ACTE PUBLIC SUR LES MATIÈRES CI-APRÈS SERA PRÉSENTÉ ET SOUTENU
LE 24 AOÛT 1852, A TROIS HEURES DE L'APRÈS-MIDI,

PAR

JEAN-BAPTISTE-PASCAL-MARIE FÉQUANT,

NÉ A AMBLY-FLEURY (ARDENNES).

Président : M. BONNIER, Professeur.

Suffragants :
  MM. BLONDEAU,
      OUDOT, } PROFESSEURS.
      DELZERS,
      DEMANGEAT, } SUPPLÉANTS.

*Le candidat répondra en outre aux questions qui lui seront faites
sur les autres matières de l'enseignement.*

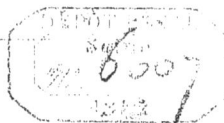

PARIS,

IMPRIMERIE DE L. MARTINET,

RUE MIGNON, 2.

1852.

A MON PÈRE.

A MA MÈRE.

JUS ROMANUM.

De usufructu et quemdamodum, VII, 1. — Vaticana fragmenta, de usufructu,

§ 41-60.

In domino tria sunt jura : jus utendi, jus fruendi, jus abutendi.

Uti re, est rem adhibere in aliquem usum qui iterari possit.

Frui, est percipere fructus alicujus rei, id est, quæ ex corpore ipso rei nascuntur.

Abuti, est rem advocare in usum absolutum qui non iterabitur eidem personæ, eam transformare, abolere, alienare, consumere quatenus juris ratio patitur.

De usufructu.

Nostram materiam ita dividimus :

1° De ususfructus natura, constitutione et acquisitione ;

2° Quæ sunt jura et obligationes fructuarii ;

3° Quæ sunt jura et obligationes proprietarii ;

4° Quibus modis ususfructus amittitur.

De ususfructus natura, constitutione et acquisitione.

Singulorum hominum multis modis res fiunt : quarumdam enim rerum dominum nanciscimur jure naturali, quod appellatur jus gentium, quarumdam jure civili.

Per occupationem, traditionem et accessionem jure naturali res nobis adquiruntur.

Contra mancipatio , cessio in jure adjudicatio , usucapio jure civili sunt.

Ususfructus est jus alienis rebus utendi , fruendi, salva rerum substantia.

Ususfructus transferri et deduci potest : vidimus quibus modis.

Per mancipationem solum deduci potest; sed non transferri , quia res incorporales non mancipi sunt, ususfructus igitur qui est incorporalis jus , non mancipatione transfertur.

Per cessionem in jure, adjudicationem ususfructus transferri et deduci potest. Denique lege si legatus sit per vindicationem , hoc modo : « Do , lego , sumito , capito usumfructum. » Si legatus sit per damnationem ut ita : « Damno, esto dare usumfructum. » Habet tantum legatarius ad rem obtinendam actionem ex testamento dictam. Sed hæc in italicis prædiis solum sunt ; est alioquin provincialibus : si quis velit usumfructum constituere , pactionibus et stipulationibus id efficere debet.

Dominus proprietatis alii usumfructum in jure cedere aut per , do , lego , legatum potest ut ille usumfructum habeat et ipse nudam proprietatem retineat. Constituitur adhuc usus fructus et in *judicio legitimo* familiæ erciscundæ et communi dividundo.

Ad certum tempus, vel ex tempore, ad conditionem vel ex conditione constituitur.

Ad certum tempus et in jure cedi et legari et officio judicis constitui potest. Ex certo tempore legari , sed in jure cedi vel an adjudicari non possit , quia nulla legis actio prodita est de futuro.

In mancipatione vel in jure cessione an deduci possit vel ex tempore , vel ad tempus , vel ex conditione, vel ad conditionem dubium est. Pomponius item ad certum tempus non posse putat ; Ulpianus deduci ad tempus posse dixit , quia lex XII Tabularum confirmat; sed ex tempore variatur. Adquiri nobis potest ususfructus et per eos quos in potestate , manu , mancipiove habemus ; sed non omnibus modis , etiamsi heredibus illis institutis deducto usufructu proprietas legetur.

Per mancipationem ita potest ut nos proprietatem quæ illis mancipio data , deducto usufructu remancipemus. Jus in jure ces sionem autem vel judicio legitimo familiæ erciscundæ communi dividundo non posse.

Novissimorum imperatorum constitutionibus novus introductus est modus constituendi ususfructus ; lege enim constituunt patrui in bonis adventitiis filii. Non solum singularum rerum ususfructus constitui potest , sed et omnium bonorum usumfructum posse legari , nisi lex Falcidia excedat dodrantis æstimationem. Celsus , libro Digestorum, et Julianus, lib. 61 , item etiam partis bonorum ususfructus legari potest , tunc placuit esse dividuum usumfructum.

Ususfructus in multis casibus pars dominii est , ex quo evenit 1° vel præsens , vel ea die dari potest ; 2° si reus in fundum obligatur fidejussor in usum fructum valide accipitur , lex LXX , pars 2 , lib. 46 , tit. 1 , *De fidejussoribus et mandatoribus ;* 3° si quis fundum stipulatus usumfructum vel viam accepto facit acceptilatio valet : in postremo casu fatemur Ulpianum contradicere , in lege 13, parte 2 , *De acceptilatione* , lib. 46, tit. 4.

Cum proprietas deducto usufructu legatur, videtur exceptus sed soli heredi scripto.

Dubitatur enim an soli promissoris personæ , an etiam heredi exceptus videatur ; referre semper qua mente ususfructus exceptus sit oportet. Si proprietate deducto usufructu legato usumfructum videri heredi exceptum debet , si contra testator hunc usumfructum alteri legaverit licet duntaxat sub conditione , tunc apud heredem usumfructum non esse videtur , quia paterfamilias cum detracto usufructu fundum legat, et alii usumfructum non hoc egit ut apud heredem ususfructus remaneat.

Si Titio fructus , Mævio proprietas legata sit, et vivo testatore Titius decedat , nihil apud scriptum heredem relinquetur.

Ususfructus legari potest duobus ut alternis annis utantur.

Quæ sunt jura fructuarii.

Aut soli, aut rei mobilis ususfructus legatur. Omnis fructus rei ad fructuarium pertinet, fructu intelligitur quod ad usum hominis inductum est. Item omnes obventiones quæ sunt ex ædificiis ad fructuarium pertinent; unde etiam mitti eum in possessionem vicinarum ædium causa damni infecti placuit; et jure dominii possessurum eas ædes, si perseveretur non caveri; necquicquam amittere finito usufructu. Item si fundi ususfructus sit legatus quidquid in fundo nascitur, quidquid inde percipi potest.

Alluvio quoque ad fructuarium pertinet; nam ubi latitat incrementum et ususfructus augetur; ubi autem apparet separatum fructuario non accedit.

Constituitur ususfructus non tantum in fundo et ædibus, verum, etiam in servis, et jumentis, et cæteris rebus, exceptis iis quæ ipso usu consumuntur.

Vetus fuit quæstio an partus ad fructuarium pertineret; absurdum videbatur hominem in fructu esse; neque enim in fructu hominis homo esse potest. Hac ratione nec usumfructum in eo fructuarius habebit, itaque ancillæ partus ad dominum proprietatis pertinet.

Quid tamen si fuerit etiam partus ususfructus relictus? An habeat in eo usumfructum? et cum possit partus legari, poterit et ususfructus ejus.

Ad pecudes transeamus: in pecudum etiam fructu fætus est, sicut lac et pilus et lana.

Plane si gregis vel armenti sit ususfructus legatus: debebit ex agnatis gregem supplere, id est, in locum capitum defunctorum.

Inde reis qua abusu consistunt, utilitatis causa Senatus censuit posse etiam earum rerum usumfructum constitui: ut tamen eo nomine heredi utiliter caveatur.

Itaque si pecuniæ aut cæteræ ususfructus legatus sit, dantur legatario ut ejus fiant et legatarius satisdet , heredi de tanta pecunia restituenda si usufructus finitur. Senatus non fecit quidem earum rerum usumfructum ; sed per cautionem quasi usumfructum constituit.

Si dominus solitus fuit tabernis ad merces suas uti , vel ad negotiationem, utique permittetur fructuario locare eas et ad alias merces.

Usufructuarius vel ipse frui ea re , vel alii fruendam concedere, vel locare, vel vendere potest.

Non jus ususfructus cedere potest , sed solum fructuum perceptionem ; si enim extraneo usufructus cedatur, nihil ad eum transit sed iniquum erit ad dominum proprietatis reversurum usumfructum dicere , quamvis, lib. XXIII , tit. III , lex 66 , *De jure dotium.*

Omnes autem fructus qui durante usufructu percipi possunt , fructuarius percipere et percipiendo sibi acquirere potest. Ita si nondum finito anno post perceptos, tamen fructuarius decesserit, omnes hujus anni fructus fructuario quæruntur ; nec quidquam ex his fructibus aut ex pensione eorum nomine debita ad proprietarium pertinebit.

Fructus autem percipiuntur cum ipse, aut aliquis ejus nomine, eos a terra separat ; quamvis nondum collecti sunt , neque enim maturitas naturalis hic spectanda est ; sed ad tempus quo magis colono dominove eum fructum tollere expedit, cum fructus fructuario non acquirantur nisi ab ipso aut ipsius nomine percepti sint ; hinc emergit sequens quæstio?

Si fur decerpserit vel desecuerit maturos pendentes, cui condictione teneatur, domino fundi an fructuario ? Quoniam fructus non fiunt fructuarii nisi ab eo percipiantur, licet ab alio terra separentur, magis proprietario condictionem competere.

Vidimus fructus acquiri fructuario, et ad ejus heredem transmitti, cum eos percepit.

Quod si fructuarius locavit fundum ; ex quo colonus percepit fructus; pensiones præteriti temporis quamvis nondum exactas ad heredem transmittit.

Si pendentes fructus jam maturos reliquisset testator; fructuarius eos feret si die legati cedente adhuc pendentes deprehendisset.

Nam stantes fructus ad fructuarium pertinent.

Si servi ususfructus sit legatus quidquid ea opera sua adquirit, vel ex re fructuarii ad eum pertinet; sive stipuletur, sive ei possessio fuerit tradita. Si vero heres institutus sit, vel legatum acceperit : Labeo distinguit cujusque gratia heres instituitur vel legatum acceperit.

Ita conditionis implendæ causa quid servus fructuarius consequatur, contemplatione fructuarii eam conditionem adscriptam, dicendum est ipsi adquiri, sicut stipulando fructuario adquirit, ita etiam paciscendo eum adquirere exceptionem fructuario Julianus lib. XXX Digestorum scribit; idemque et si acceptum rogaverit liberationem ei parere.

Sciendum est cogendam eum operari, etenim modicam quoque castigationem fructuario competere, vis neque torqueat neque flagellis cedat.

Si servus fructuarius servum emit et per traditionem accepit, nec dum pretium numeravit sed tantummodo pro eo satisfecit, in pendenti est dominium donec pretium numeretur, et si amisso usufructu, tunc pretium numeretur ex re fructuarii, nihilominus putamus servum emptum retro fructuarii fuisse; lex 24 principium *De actionibus empti et venditi*, lib. XIX, tit. 1, difficile potest conciliari cum lege 25, p.   , v. 1, nostri tituli *De usufructu*.

Si quid stipuletur sibi aut Sticho servo fructuario, donandi causa, dum vult fructuario præstitum; dicendum si solvatur fructuario adquiri.

Ususfructus servi Titio legatus est; cum per heredem staret, quo minus præstaretur, servus mortuus est; aliud duci non posse ait, quam in id obligatum esse heredem, quanti legatarii intersit, mo-

·ram factam non esse; ut scilicet ex eo tempore in diem, in quo servus sit mortuus, ususfructus æstimetur.

Usumfructum in quibusdam casibus, non partis effectum obtinere convenit, unde si fundi, vel fructus portio petatur, et absolutione secuta postea pars altera quæ adcrevit vindicetur; in lite quidem proprietatis judicatæ exceptionem obstare; in fructus vero non obstare : quoniam portio fundi, velut alluvio, portioni; personæ fructus adcresceret, lib. XXXIII, *De usufructu.*

Qui usumfructum arere legaverat, insulam ibi ædificavit; ea vivo eo, decidit, usumfructum deberi existimaverit; contra autem non idem juris esse, si insulæ usufructu legato, area deinde facta sit.

Quotiens duobus ususfructus legatur ita, ut alternis annis utantur fruantur, si quidem legatus fuerit Titio et Mævio, legatum datum potest, dici priori Titio deinde Mævio.

Ususfructus adminiculis frui debet, sine quibus utifrui quis non potest; ita servitutes, iter, via, actus prout ususfructus perceptio desiderat, et alias quoque utilitates et servitutes heres præstare debet.

Quæ sunt obligationes fructuarii?

Fructuarius causam proprietatis deteriorem facere non debet, meliorem facere potest : hactenus tamen ne formam rei immutet, eam enim immutare prohibetur.

Fructuario prohibetur imprimis ne ad alium usum re utatur quam ad quem destinata est.

Et illud solum observandum, ac vel abutatur usufructuarius, vel contumelias, injuriasve utatur usufructu.

Mancipiorum quoque usufructu legato, non debet abuti sed secundum conditionem eorum uti, et sufficienter alere et vestire debet secundum ordinem et dignitatem eorum.

Si cujus rei ususfructus legatus erit, dominus potest in ea re satisdationem desiderare, ut officio judicis hoc fiat; nam sicuti debet fructuarius utifrui; ita et proprietatis dominus securus esse de proprietate; et non prius dandam actionem usufructuario, videtur, quam satis dederit, se boni viri arbitratu usurum fruiturum.

De præteritis damnis fructuarius etiam lege Aquilia tenetur, et interdicto quod vi aut clam, et cum actio legis Aquiliæ in omnibus casibus non competat, ita si quis agrum non proscindit, si quis vites non subserit, actio prætoris pollicetur.

Quasi bonus paterfamilias uti debet id est recte colere, in locum demortuarum arborum aliæ substituendæ sunt , ædes reficere, sarca tecta debet habere.

Quoniam omnis fructus rei ad eum pertinet, tributa debet igitur, et generaliter omnia onera quæ fructuarium spectant.

Tamen omnibus oneribus semper liberari potest fructuarius, derelinquendo usumfructum.

Parato fructuario derelinquere usumfructum dicendum est absolvi cum a judice.

Si gregis sit ususfructus legatus : debebit ex agnatis gregem supplere, id est, in locum capitum defunctorum; vel inutilium, alia summittere; ut post substituta, fiant propria fructuarii, ne lucro ea res cedit domino. Et sicut substituta statim domini fiunt, ita priora quoque in natura fructus desinunt ejus esse.

Sed quod dicitur, debere eum submittere?

Putamus posteriorem gregis casum nocere debere fructuario.

Quæ sunt jura et obligationes rei fructuariæ dominis?

Proprietatis dominus non debebit impedire fructuarium uti ea, ne deteriorem ejus conditionem faciat inde hac sequuntur : dominum proprietatis nihil ex ea re detrahere nec mutare invito fructuario, quamvis ipse adposuisset.

Nec servum fructuarium manumittere, nec servitutem imponere

fundo, nec servitutem amittere proprietarius potest, et, quidem consentiente usufructuario, servitutem imponere non potest.

Contra, invito fructuario, servitutem acquirere potest, et servitutem etiam imponere potest, dum deterior fructuarii conditio non fiat; veluti si talem servitutem vicino concesserit, jus sibi non esse altius tollere.

Ita, favore religionis, religiosum locum facere potest; finge enim eum testatorem inferre; cum non esset tam opportune ubi sepeliretur. Denique, dominus proprietatis etiam invito fructuario vel usuario, fundum vel ædes per saltuarium vel insularium custodire potest.

Ex natura ususfructus, sicut et omnium servitutum, est, ut dominus rei fructuariæ non possit cogi ad quid in ea faciendum.

Tamen, si testator jusserit ut heres reficeret insulam cujus usumfructum legavit, potest fructuarius ex testamento agere ut heres reficeret.

Ita si arbores vento dejectas dominus non tollat, per quod incommodior is sit ususfructus vel iter, suis actionibus usufructuario cum eo experiendum.

Quibus modis ususfructus amittatur?

Ne in universum inutiles essent proprietates, placuit certis modis extingui usumfructum et ad proprietatem reverti.

Modi illi sunt :

1° Vel mors, vel capitis diminutio fructuarii, et olim etiam alienatio servi per quem quæsitus fuerat ususfructus;

2° Temporis existentia aut conditionis ad quam constitutus est;

3° Item non utendo;

4° Resoluto jure constituendis;

5° In jure cessione;

6° Consolidatione;

7° Interitu rei.

POSITIONES.

I. Ususfructus in multis casibus pars dominii est; ex quo evenit : 1° Vel præsens, vel ex die dari potest (lex 4 *De usufructu,* lib. VII, tit. 1); 2° Si rem in fundum obligatur, fidejussor in usumfructum valde accipitur (lex 70, § 2, lib. XLVI, tit. 1, *De fidejussoribus et mandatoribus*); 3° si quis fundum stipulatus usumfructum vel viam accepto facit, acceptilatio valet; in postremo casu fatemur Ulpianum contradicere (in lege 13, § 2, *De acceptilatione,* lib. XLVI, tit. 4).

II. Usumfructum in quibusdam casibus, non partis effectum obtinere convenit. Unde si fundi vel fructus portio petatur, et absolutione secuta postea pars altera, quæ adcrevit, vindicetur : in lite quidem proprietatis judicatæ rei exceptionem obstare, in fructus vero non obstare scribit Julianus : Quoniam portio fundi, velut alluvio, portioni; personæ fructus adcresceret (lex 33, § 1, lib. 7, tit. 1).

III. Si servus fructuarius servum emit et per traditionem accepit, necdum pretium numeravit; sed tantummodo pro eo satisfecit, in pendenti est dominium donec pretium numeretur, et si amisso usufructu, tunc pretium numeretur ex re fructuarii, nihilominus putamus servum emptum retro fructuarii fuisse (lex 24, *Pr. de actionibus empti et venditi,* lib. XIX, tit. 1), quæ difficile potest conciliari cum lege 28, § 1, nostri tituli *De usufructu.*

IV. Proprietarius servitutem imponere fundo cujus ususfructus alterius est non potest, nisi qua deterior fructuarii conditio non fiat; Ulpianus putat dominum ne quidem, consentiente fructuario, servitutem imponere posse.

Vice versa, proprietarius servitutem adquirere etiam invito fructuario; sed fructuarius adquirere fundo servitutem non potest (lex 15, § 7, lib. VII, tit. 1).

V. Putamus posteriorem gregis casum nocere debere fructuario (lex 70, § 3, lib. I, tit. 1).

DROIT FRANÇAIS.

(Articles 578-636.)

DE L'USUFRUIT.

La propriété est le droit de jouir et de disposer des choses de la manière la plus absolue (art. 544).

Ce droit se décompose en *jus utendi, jus fruendi, jus abutendi.*

Ces démembrements de la propriété pouvaient exister séparément en droit romain ; chez nous il n'en est pas de même, le *jus utendi* et le *jus fruendi* ne sont jamais séparés, et l'usage proprement dit est tout simplement un usufruit restreint, tel qu'il est organisé par la loi dans le silence des partis.

L'*ususfructus* et l'*usus* forment ce que les Romains appelaient des servitudes personnelles par opposition aux servitudes prédiales.

Nous avons à traiter de l'usufruit, de l'usage et de l'habitation.

Nous allons donc examiner par des propositions sommaires :

1° Quelle est la nature du droit d'usufruit et de quelle manière il se constitue ;

2° Les droits et les obligations de l'usufruit ;

3° Les droits et obligations du propriétaire ;

4° Les modes d'extinction de l'usufruit,

5° Et ensuite les droits d'usage et d'habitation.

DE LA NATURE ET DE LA CONSTITUTION D'USUFRUIT.

L'usufruit est le droit de jouir des choses dont un autre a la propriété, comme le propriétaire lui-même, mais à la charge d'en conserver la substance (art. 578).

L'usufruit est un droit réel, *jus in re*, et pouvant être hypothèque (2118); il est établi par la loi ou par la volonté de l'homme.

Par la loi :

1° Au profit des père et mère sur les biens de leurs enfants mineurs de dix-huit ans et non émancipés (384).

2° Au profit du survivant des père ou mère sur le tiers des biens que prennent les collatéraux (753, 754).

Par la volonté de l'homme, l'usufruit peut être constitué à titre gratuit ou à titre onéreux : dans le premier cas, il peut l'être par donation entre vifs, ou par testament; dans le second, par vente, par transactions, cessions, conventions matrimoniales, etc.

L'usufruit peut encore s'établir par prescription, quoique la loi ne le dise pas d'une manière expresse.

Ce droit est susceptible de certaines modalités comme le terme, la condition.

Il peut être établi sur toute espèce de biens meubles ou immeubles (art. 581).

On ne pouvait établir un véritable usufruit sur les choses fongibles, alors les rédacteurs du Code Napoléon se sont servis du même procédé que le sénatus-consulte qui a reconnu un quasi-usufruit sur ces choses; la propriété en est transférée à l'usufruitier qui s'oblige à rendre des choses en même quantité et qualité, ou leur estimation moyennant caution.

L'usufruitier a droit à tous les fruits de la chose : naturels et industriels et civils. Il importe beaucoup de distinguer ces diverses espèces de fruits, les fruits naturels s'acquièrent par la perception, les fruits civils jour par jour.

Le prix des baux à ferme est rangé dans cette dernière classe.

Les fruits naturels et industriels, pendants par branches ou par racines au moment où l'usufruit est ouvert, appartiennent à l'usufruitier. Ceux qui sont dans le même état au moment où finit l'usufruit appartiennent au propriétaire, sans récompense de part ni d'autre des labours et des semences, mais aussi sans préjudice de la portion des fruits qui pourrait être acquise au colon partiaire, ni des droits des créanciers privilégiés de l'article 2102.

Les arrérages des rentes viagères comprennent, en quelque sorte, une fraction du capital, pour dissiper toute raison de douter, le Code dit, art. 588, que l'usufruitier aura le droit de les percevoir sans être tenu à aucune restitution.

Les rédacteurs n'ont pas jugé à propos de reproduire la distinction de Pothier.

Puisque l'usufruitier a le droit de jouir de la chose, *salva substantia*, il devait avoir droit aux produits des bois, mais avec une distinction.

Pour les bois taillis, l'usufruitier est obligé d'observer l'ordre et la quotité des coupes, conformément à l'aménagement.

Il doit suivre l'usage constant des propriétaires et user *quasi bonus paterfamilias* (590).

Ici, comme pour les récoltes ordinaires, il ne peut faire les coupes qu'au temps convenable, et aucune indemnité ne lui est due, si à la fin de l'usufruit il n'a pas usé de tout son droit.

Pour les hautes futaies, il n'y a droit que si elles ont été mises en coupes réglées; autrement à raison du long temps que la nature emploie pour produire ces bois, la loi ne les considère plus comme fruits (591).

L'usufruitier peut seulement jouir des forêts de hautes futaies comme le propriétaire lui-même, et suivant l'usage des lieux ; ainsi il a le droit de faire paître, de panage, d'émonder les arbres, de couper les épines, etc.

Lorsque l'usufruit comprendra un domaine où il y a des bois de hautes futaies, des fermes, des vignes, l'usufruitier peut, pour faire des réparations, employer les arbres brisés, ou même en faire couper avec l'autorisation du propriétaire. Il a aussi la faculté de prendre dans les bois des échalas pour les vignes (592, 593).

Les arbres d'une pépinière ne font partie du droit de jouissance qu'à la condition de les remplacer, de même que les arbres fruitiers morts ou brisés (590, 594).

L'usufruitier peut jouir par lui-même, donner à ferme à un autre; mais il ne peut vendre ou céder que l'exercice de son droit. L'usufruitier sera tenu pour les baux de se conformer aux règles contenues dans les articles 1429, 1430 et si avant l'expiration du bail, l'usufruit vient à s'éteindre, le nu-propriétaire sera tenu de les respecter, sauf à lui, bien entendu, à percevoir les loyers ou fermages.

1° Il a droit à l'alluvion, art. 596, en réservant toutefois l'île qui viendrait à se former dans une rivière non navigable, ni flottable.

2° Jouissant du fonds comme le propriétaire lui-même, l'usufruitier peut et même doit user des servitudes attachées à la propriété.

En un mot, l'usufruitier a le droit d'user de la chose, selon sa destination : ainsi il peut louer certains meubles, un troupeau, continuer l'exploitation des carrières, des mines (loi du 21 avril 1810); mais il n'aura aucun droit aux produits des mines et carrières ouvertes pendant la durée de l'usufruit. Il n'a droit au trésor que comme inventeur (716).

DES OBLIGATIONS DE L'USUFRUITIER.

Le propriétaire n'est tenu que de laisser jouir, l'usufruitier doit donc prendre les choses dans l'état où elles sont.

Ses deux principales obligations sont :

1° Jouir en bon père de famille ;

2° Restituer les meubles ou les immeubles sur lesquels l'usufruit était constitué.

Comme garantie de ces obligations, l'usufruitier, avant d'entrer
en jouissance, doit, en présence du propriétaire, faire dresser un
inventaire des meubles et un état des immeubles (art. 600).

Il ne peut en être dispensé, sans distinguer s'il y a des héritiers
réservataires ou non.

L'usufruitier qui ne se sera pas soumis à cette prescription de
la loi sera présumé avoir reçu les immeubles en bon état, et pour
les meubles on lui appliquera les articles 1415, 1442, 1504.

Comme garantie de jouir *quasi bonus paterfamilias*, l'usufruitier
doit fournir (art. 601) une caution réunissant les conditions et
qualités exprimées dans les articles 2018, 2019, 2040, ou à son
défaut donner des hypothèques ou nantissement suffisants.

Si l'usufruitier ne donne ni l'un ni l'autre, les immeubles sont
donnés à ferme ou mis en séquestre, les sommes comprises dans
l'usufruit sont placées; les denrées sont vendues et le prix en
provenant est pareillement placé, le propriétaire peut même exiger
que les meubles qui dépérissent par l'usage soient vendus. Les
intérêts de ces sommes et les prix des fermes appartiennent dans
ce cas à l'usufruitier (602, 603).

Il y a une double exception à cette règle :

1° En faveur du nu-propriétaire à l'égard d'objets précieux qui
se trouvent difficilement dans le commerce.

2° En faveur de l'usufruitier pour les meubles nécessaires à son
usage personnel ; les juges en décideront la qualité suivant la
position sociale plus ou moins élevée, et surtout la probité de
l'usufruitier eu égard à l'importance de son droit. La délivrance
lui sera faite sous sa simple caution juratoire.

La dispense de donner caution existe de plein droit dans
trois cas :

1° Pour le père ou la mère ayant l'usufruit légal des biens de
ses enfants.

3

2° Pour le vendeur ou donateur d'une nue propriété qui se réserve l'usufruit à lui-même (601).

3° Pour le mari usufruitier légal des biens de sa femme (1550).

L'acte constitutif peut toujours l'en dispenser, de manière toutefois que les droits des héritiers réservataires ne soient pas compromis.

L'article 604 ne déroge pas au principe de l'article 1014 ; ces fruits appartiennent à l'usufruitier du moment même où ils lui auraient appartenu, si la caution avait été donnée sans retard.

.Les réparations se divisent en deux classes : les grosses, qui demeurent à la charge du propriétaire ;

Celles d'entretien, dont l'usufruitier est tenu.

L'article 606 énumère les grosses réparations, l'usufruitier est donc obligé de faire toutes les autres.

Le propriétaire, n'étant tenu que de laisser jouir, ne peut être forcé à faire les grosses réparations ; du reste, s'il en était autrement, l'article 607 ne s'expliquerait pas, puisque l'usufruitier est tenu de faire toutes les réparations d'entretien, et à tel point que si par sa négligence des grosses devenaient nécessaires, le nu-propriétaire pourrait le contraindre à les faire (art. 605, 1383).

L'usufruitier a toujours la faculté de renoncer à son droit s'il trouve les charges trop onéreuses.

L'usufruitier profite de tous les fruits civils.

Il doit donc payer toutes les charges qu'un propriétaire soigneux et diligent prend ordinairement sur les fruits.

Au contraire, les impositions extraordinaires qui affectent la propriété elle-même, doivent être à la charge et de l'usufruitier et du nu-propriétaire, chacun en proportion de leur droit.

Les intérêts des dettes qui grèvent le fonds compris dans une universalité dont l'usufruit a été légué, sont dus seulement par l'usufruitier universel et l'usufruitier à titre universel ; ils ne sont obligés de payer ces intérêts qu'en proportion de leur jouissance, si le capital de ces dettes est exigible avant l'extinction de l'usufruit.

Pour payer les charges qui frappent sur la nue propriété et sur la jouissance, on se sert d'un des trois moyens indiqués par l'article 612.

Les frais des procès qui intéressent le nu-propriétaire et l'usufruitier se paient de la même manière ; bien entendu, ceux qui ne concernent que la jouissance sont supportés par l'usufruitier seul (art. 613).

L'article 610 correspond à l'article 588.

Le légataire d'un usufruit à titre particulier, comme le légataire d'une propriété à titre particulier, n'est jamais tenu de rien payer ; cependant l'un et l'autre peuvent être poursuivis par les créanciers (art. 2166, 2114).

Lorsque le fonds sur lequel porte leur droit est grevé d'hypothèques, alors s'ils acquittent la somme due, ils ont recours contre qui de droit, non seulement pour le capital, mais encore pour les intérêts.

L'usufruitier doit veiller avec soin à ce qu'aucune atteinte ne soit portée à la propriété (art. 614).

Il exerce tous les droits qui y sont attachés ; il serait responsable de tous dommages causés par sa faute envers le nu-propriétaire (art. 615, 616).

Que l'usufruit porte sur un animal seul ou sur un troupeau tout entier ; dans le cas d'extinction du droit par la perte de la chose, l'usufruitier doit rendre les peaux, si elles ont pu être conservées.

Si le troupeau donné en usufruit est seulement diminué ; l'usufruitier ne devra rien prendre du croît *avenir*, tant que le troupeau ne sera pas redevenu au complet ; mais il ne sera pas tenu de combler les vides avec le croît antérieur.

L'article 599, dans l'expression *amélioration*, comprend même les constructions nouvelles ; l'usufruitier ne pourra donc enlever rien de ce qu'il aura bâti, si considérable que cela puisse être. Il n'aura même droit à aucune indemnité.

Enfin, que l'usufruit soit constitué sur des meubles ou des immeubles, l'usufruitier est responsable de son dol et de sa faute, et il doit rendre les choses après en avoir joui et usé selon leur destination, *quasi bonus paterfamilias.*

DROITS ET OBLIGATIONS DU PROPRIÉTAIRE.

Le propriétaire est tenu de laisser jouir ; il ne peut donc, ni par son fait, ni de quelque manière que ce soit, nuire aux droits de l'usufruitier (art. 599).

Les frais des procès qui concernent la nue propriété sont à sa charge (art. 613).

Il doit aussi les impositions extraordinaires en proportion de son droit (art. 609).

L'usufruitier peut le contraindre à enlever des arbres abattus par violence ou tombés.

Il ne peut faire remise d'aucune servitude.

Dans le cas d'un legs d'usufruit, le propriétaire doit fournir tous les titres qui sont à sa disposition.

L'aliénateur à titre onéreux d'un droit d'usufruit est soumis aux mêmes obligations que l'aliénateur à titre onéreux d'un droit de propriété (art. 1626, 1628, 1629, 1630).

Le nu-propriétaire peut aliéner, hypothéquer son droit, le grever de servitudes (art. 621).

Il a même le droit d'imposer des servitudes sur la pleine propriété, pourvu que l'usufruitier n'en souffre pas ; comme la servitude *non altius tollendi.*

Il peut toujours s'affranchir des grosses réparations que lui impose son titre en abandonnant son droit (art. 699).

Il peut, à certaines conditions, couper les arbres de haute-futaie qui commencent à dépérir.

EXTINCTION DE L'USUFRUIT.

Afin que la propriété ne soit pas absorbée par le *jus utendi et fruendi ;* pour qu'elle ne devienne pas un droit nuisible, « *placuit certis modis extingui usum-infructum et ad proprietatem reverti.* »

L'USUFRUIT S'ÉTEINT DE PLUSIEURS MANIÈRES.

1o Par la mort naturelle ou par la mort civile, peu importe que l'usufruit ait été constitué à titre gratuit ou à titre onéreux.

L'usufruit, qui est essentiellement limité, ne peut être comparé aux rentes, qui de leur nature sont perpétuelles, et qui ne sont viagères que par les conventions des parties (1982).

2° Par l'expiration du temps pour lequel il est accordé.

Si l'usufruit comme la rente viagère, dans les cas prévus par l'article 1971, est constitué sur la tête d'un tiers, il s'éteint par la mort de ce tiers ; mais l'usufruit accordé jusqu'à ce qu'un tiers ait atteint un âge fixe dure jusqu'à cette époque, encore que le tiers soit mort avant l'âge fixé (art. 620); à moins pourtant que l'usufruit ne fût établi précisément en considération de cette personne.

L'usufruit constitué au profit d'une personne morale durait cent ans chez les Romains; chez nous cet usufruit ne peut jamais durer plus de trente ans.

3° *Par la consolidation.*

C'est l'extinction spéciale du droit de jouissance par l'acquisition que fait l'usufruitier de la nue propriété. L'usufruit formel se change en usufruit causal, par la réunion dans les mêmes mains de la pleine propriété ; et l'usufruit est une servitude, *et res sua nemini servit.* Donc ce droit est éteint ; toutefois il renaît si l'acquisition est rescindée.

4° *Par le non-usage.*

Lorsqu'il s'agit de la propriété, il faut qu'elle soit possédée pendant trente ans, pour que le droit du propriétaire soit éteint ; pour les servitudes, il suffit d'un non-usage pendant le même laps de temps ; la loi admet facilement l'extinction des droits sur la chose d'autrui.

5° *Par la prescription.*

L'usufruit peut s'acquérir, et par conséquent se perdre par prescription de dix ou vingt ans, s'il y a bonne foi, et trente ans s'il y mauvaise foi pour les immeubles ; pour les meubles, la possession en donne à l'instant même la propriété, à moins qu'ils n'aient été perdus ou volés, alors ils s'acquièrent par une prescription de trois ans (art. 526, 2228, 2279, 2265, 2262.

6° Par la perte totale de la chose (617, 623, 624).

7° Par l'abus de jouissance : les juges peuvent 1° ou prononcer l'extinction absolue de l'usufruit ; 2° ou ne le prononcer qu'à la charge par le propriétaire de payer annuellement à l'usufruitier une somme déterminée jusqu'à l'extinction de l'usufruit ; 3° ou maintenir l'usufruit en prenant les mesures indiquées par l'article 602 ; 4° ou laisser l'usufruitier jouir lui-même à cause des garanties offertes par lui ou ses créanciers.

8° Par la renonciation à titre gratuit ou à titre onéreux de la part de l'usufruitier (621, 622, 1167, 788).

9° Par l'accomplissement de la condition résolutoire.

10° Par la résolution du droit du constituant : *Resoluto jure dantis resolvitur jus accipientis.*

11° Par l'expropriation forcée pour cause d'utilité publique, loi du 31 mai 1841, art. 39.

DE L'USAGE ET DE L'HABITATION.

Le droit d'user, *jus utendi*, est le droit d'user d'une chose selon sa destination, il prend le nom d'habitation quand il frappe sur une maison.

En droit romain l'*usus sine fructu* pouvait exister , c'était l'usage dans son principe; plus tard on l'a modifié et on a accordé à l'usager les fruits nécessaires à son existence.

Il semblait qu'en lui donnant strictement l'usage, on interprétait trop sévèrement la volonté du testateur ; enfin on est arrivé à dire que l'usager avait le droit de prendre les fruits nécessaires à sa consommation et à celle de sa famille. C'est ainsi que les rédacteurs du Code Napoléon ont entendu le droit d'usage.

D'après nos lois l'usage est donc tout simplement un usufruit restreint.

Le caractère essentiel qui est resté à ce droit est l'individualité ; il y a autant de manières d'user que de personnes ; l'usage doit donc être exercé par l'usager lui-même.

Au contraire l'usufruit, quoique étant aussi un droit personnel, peut cependant être exercé par des mandataires, parce qu'il n'y a qu'une manière de jouir.

En droit romain, c'était une question controversée de savoir si l'usager pourrait louer son droit d'habitation, ou plutôt l'exercice de son droit; Marcellus et après lui Justinien le décidaient ainsi ; Papinien prétendait que l'usage était personnel et dans son droit et dans son exercice; néanmoins il est certain qu'à Rome l'usager de vastes palais avait le droit, au moins lui et sa famille, d'occuper tout, d'aller, de circuler, tandis que chez nous on pourrait restreindre un tel usager à une certaine portion des bâtiments nécessaires à ses besoins. De plus, le Code Napoléon, consacrant l'opinion de Papinien, a décidé que l'usager n'avait pas le droit de louer même l'exercice de son droit.

Les droits d'usage et d'habitation s'établissent et se perdent de la même manière que l'usufruit (art. 625).

Cette règle souffre plusieurs exceptions :

1° Il n'existe pas d'usage légal, les cas prévus par les articles 1468, 1570 n'en sont pas.

2° L'usage ne peut se perdre par abus de jouissance dans l'espèce prévue par l'article 630, puisque l'usager n'est pas mis en possession.

Et 3° Ce droit ne peut se perdre par la mort civile selon quelques auteurs, attendu, disent-ils, qu'il n'est établi que pour les besoins personnels de l'usager et que la mort civile ne brise pas les droits relatifs à l'existence naturelle.

La chose étant remise à l'usager, il est tenu à l'inventaire et il doit donner caution de jouir comme un bon propriétaire (626, 627).

Les droits d'usage et d'habitation reçoivent plus ou moins d'étendue suivant leur titre constitutif (628).

A défaut de titre, si les besoins de l'usager absorbent tous les fruits du fonds, il est mis en jouissance.

Les droits de l'usager sont plus ou moins étendus d'après sa plus ou moins nombreuse famille; et l'on entend par famille sa femme et ses enfants seulement.

Nous sommes de la famille de nos ascendants, mais ils ne sont pas de la nôtre.

Les réparations d'entretien sont à la charge de l'usager en proportion de sa jouissance (635).

POSITIONS.

1° L'usufruit peut s'établir par prescription , mais il ne peut s'établir par la seule autorité du juge.

2° Quand un usufruitier a fait des baux en dehors des limites fixées par la loi, la nullité de ces conventions est relative et peut être invoquée contre le preneur sans qu'il puisse s'en prévaloir.

3° Si un usufruitier vend une coupe de bois sur pied, et meurt avant que la coupe ait été effectuée, l'acheteur a le droit de la percevoir et le propriétaire peut en réclamer le prix.

4° Si l'usufruitier a fait sur le fonds des constructions, plantations et ouvrages, il ne pourra réclamer du propriétaire aucune indemnité.

5° Quand l'usufruit porte sur des choses dont on ne peut faire usage sans les consommer, l'usufruitier doit rendre les choses qu'il a reçues en même quantité et qualité s'il n'y a pas eu estimation ; si, au contraire, une estimation a été faite, l'usufruitier doit rembourser le prix tel qu'il a été fixé au commencement de l'usufruit.

6° L'usufruitier ne peut jamais être dispensé de l'inventaire, sans distinguer s'il y a des héritiers réservataires ou non.

7° L'usufruitier peut être dispensé de la caution par son titre constitutif; mais dans ce cas, il faut distinguer s'il y a des héritiers réservataires.

8° Le propriétaire n'est pas tenu de faire les grosses réparations ; mais l'usufruitier est tenu de rebâtir ce qui est tombé de vétusté, quand c'est par défaut de réparations d'entretien.

4

9° L'usufruitier n'est tenu de compléter le troupeau que jusqu'à concurrence du croît *avenir*.

10° Les créanciers de l'usufruitier ne peuvent faire annuler la renonciation qu'il aurait faite à leur préjudice, qu'en prouvant la fraude.